AF286009

PROSECCO

ist immer die

LÖSUNG

Titel der Originalausgabe: *Prosecco is always the answer*

© 2025 Librero IBP (für die deutschsprachige Ausgabe)
www.librero-ibp.com

© 2018 Summersdale Publishers Ltd
Diese Ausgabe entstand in Zusammenarbeit mit Summersdale
Publishers Ltd.

Übersetzung aus dem Englischen:
Gabriela Scolik, Wien
Redaktion und Satz der deutschen Ausgabe: Print Company
Verlagsges.m.b.H., Wien

Printed in China

ISBN: 978-94-6359-333-5

FÜR ....

VON ....

WAS IST PROSECCO?

Prosecco ist ein leichter, erfrischender italienischer Schaumwein, der die Welt im Sturm erobert hat. Italien produziert über 475 Millionen Flaschen im Jahr und die Nachfrage steigt immer weiter.

Prosecco kämpft mit den wesentlich teureren französischen Champagnern um den ersten Platz in der Beliebtheit und zählt zu den besten Schaumweinen. Wegen der großen Beliebtheit gab es weltweit sogar eine Knappheit, die Produzenten hatten Mühe, die Nachfrage zu bedienen. Was macht Prosecco so populär?

Prosecco ist günstiger als Champagner - er macht den kleinen, täglichen Luxus leistbar! Er trinkt sich durch seine fruchtigen Aromen leicht, ist vielseitig verwendbar und kann in jeder Stimmung getrunken werden. Er ist ein kleiner Luxus, das perfekte Getränk für einen entspannten Abend oder ein gesellschaftliches Ereignis.

DER UNTERSCHIED ZWISCHEN PROSECCO UND CHAMPAGNER

- Prosecco steht in Bezug auf Beliebtheit dem Champagner um nichts nach und es wird auch mehr Prosecco produziert.

- Beides sind Schaumweine – sie werden nur in zwei verschiedenen Ländern produziert.

- Die Flasche Prosecco hat 2–4 atm (atmosphärischer Druck), der Champagner dagegen 6–7 atm. Der niedrigere Druck beim Prosecco ist auf die Herstellung zurückzuführen. Beim Prosecco gibt es einen zweiten Gärvorgang, der in Tanks erfolgt, beim Champagner handelt es sich um Flaschengärung.

- Durch die Herstellungsart ist Prosecco leichter herzustellen und daher preislich günstiger.

- Durch die Flaschengärung beim Champagner wird die Hefe anders eingebunden, es entstehen ganz andere Aromen, die an Brot, Brioche oder Toast erinnern, ebenso delikate Zitrusnoten. Prosecco hat fruchtigere Aromen, wie Apfel und Birne, ebenso Geißblatt und florale Noten.

- Die Bläschen im Prosecco halten länger als die Bläschen in Bier, Champagner schnürt am längsten.

DIE GESCHICHTE DES PROSECCO

• Schon die Römer erzeugten Prosecco, damals Puccino genannt, sie verwendeten die Glera-Traube. Diese wuchs in der Nähe des Dorfes Prosecco in den Hügeln von Triest.

• Im 18. Jahrhundert kultivierte man die Glera-Traube auch in den Hügeln des Veneto und des Friauls. Noch heute sagt man, dass der beste Prosecco in diesen Regionen produziert wird.

• Dort entwickelte sich auch die Herstellungsmethode unserer heutigen Prosecchi Anfang des 20. Jahrhunderts.

• Prosecco ist der wichtigste Bestandteil des berühmten Cocktails Bellini, der in Harry's Bar in Venedig in den 1930er Jahren entwickelt wurde. Er ist auch für den Spritz unverzichtbar. Der Spritz wird vor allem in Norditalien gerne getrunken.

DIE VERSCHIEDEN SORTEN UND TRAUBEN

Nicht alle Prosecchi sind sprudelnd. Überall bekannt ist der spumante (Schaumwein), es gibt aber auch frizzante (Perlwein) und tranquillo (ohne Bläschen).

Es gibt vier Arten von Prosecco: brut, extra trocken, trocken und halbsüß, sie beschreiben den Zuckergehalt – von sehr trocken bis süß. Brut passt am besten zu Speisen wie luftgetrocknetem Schinken, Sushi oder milden Käsen.

Süßere Prosecchi harmonieren mit Kuchen, italienischen Keksen oder Macarons.

Der durchschnittliche Alkoholgehalt des Prosecco beträgt 11–12 Prozent und ist daher ein eher leichter Wein. Typischerweise hat er Aromen von gelben Äpfeln, Birnen, weißen Pfirsichen und Aprikosen, er ist leicht zugänglich, basierend auf seinen primären Aromen.

Ursprünglich wurde er nur aus der Glera-Traube hergestellt, ca. 15 Prozent der Produktion werden heute auch aus anderen Trauben wie Chardonnay, Pinot Grigio oder auch Pinot Noir hergestellt.

Richtigen Prosecco erkennt man am DOC-Label (Denominazione di Origine Controllata). Dieses Label, das auf dem Etikett angebracht ist, garantiert, dass er nach strikten Qualitätskriterien hergestellt und auch seine geographische Herkunft überwacht wird.

PROSECCO FÜR ALLE

Heute ist Prosecco so populär, dass in Großbritannien der 13. August sogar der Prosecco-Tag ist. Prosecco ist überall erhältlich, in Bars, Pop-up-Lokalen, bei Prosecco-Festivals oder in Shopping-centern. Er ist nicht nur als Getränk so beliebt, er findet sich auch in Seifen, Lippenbalsam, Badezusätzen, als Duft für Aroma-Kerzen, in Schokolade und Süßigkeiten und auch in zahlreichen Rezepten.

Natürlich schmeckt er pur sehr gut, aber es ist auch ein Vergnügen, mit Prosecco zu experimentieren und unglaubliche Cocktails damit zu kreieren!

UNVERZICHTBAR

Hier eine Liste der wichtigsten Geräte für die Prosecco-Cocktails:

- Champagnerflöte
- Martini-Glas
- Weinglas
- Becherglas
- Longdrink-Glas
- Cocktailshaker
- Mixgerät
- Krug
- Bowle-Schüssel
- Sieb
- Messbecher

GEEISTER ZITRONEN-FIZZ

FÜR 2 PERSONEN

Zitronig und frisch – hebt die Laune, perfekt als Sommer-Drink.

ZUTATEN

- 4 Kugeln Zitronensorbet (selbst gemacht oder gekauft)
- 50 ml Limoncello
- 60 ml Prosecco
- 2 Zweige frische Minze

SO WIRD'S GEMACHT

- Das Sorbet im Mixer langsam cremig rühren und den Limoncello langsam zugeben.
- Den Prosecco dazugeben.
- In gekühlte Gläser geben und mit der Minze dekoriert servieren.

PENICILLIN HEILT, ABER
ALKOHOL MACHT
MENSCHEN GLÜCKLICH.

ALEXANDER FLEMING

ICH KANN PROSECCO VERSCHWINDEN LASSEN.

Welche Superkraft hast Du?

NÜCHTERNHEIT MACHT DIE
WELT KLEIN, DISKRIMINIERT
UND SAGT NEIN; TRUNKENHEIT
VERGRÖSSERT SIE,
VERBINDET UND SAGT JA.

WILLIAM JAMES

PROSECCO MIT GEMISCHTEN BEEREN UND BEERENGELEE

FÜR 6 PERSONEN

Diese Mischung aus fruchtiger Explosion mit Prosecco-Bläschen lässt dich garantiert großartig fühlen!

ZUTATEN

- 135 g Himbeergelee

- 475 ml Prosecco

- 200 g gemischte Sommer-Beeren, wie Erdbeeren, Himbeeren, schwarze Johannisbeeren oder Heidelbeeren; entstielt und eventuell halbiert

- frische Minze für die Dekoration

SO WIRD'S GEMACHT:

- Das Himbeergelee in 100 ml heißem Wasser auflösen und so lange rühren, bis es vollständig gelöst ist. Abkühlen lassen und den Prosecco dazugeben.

- Die Früchte in 6 Martini- oder Weingläser geben, so viel von der Gelee-Prosecco-Mischung einfüllen, dass die Früchte bedeckt sind. Die Gläser mit Frischhaltefolie abdecken und einige Stunden im Kühlschrank kühlen.

- Die restliche Flüssigkeit auf die Gläser verteilen und wieder festwerden lassen.

- Mit Minze dekorieren und servieren.

AUF DEN ALKOHOL, DER UNS DAS LEBEN DURCH DIE ROSA BRILLE SEHEN LÄSST!

F. SCOTT FITZGERALD

OHNE BROT UND WEIN HUNGERT DIE LIEBE.

SPRICHWORT

KLASSISCHER BELLINI

FÜR 4 PERSONEN

Der berühmte Bellini wurde 1934 von Guiseppe Cipriani, dem Gründer von Harry's Bar in Venedig, kreiert.

ZUTATEN

- 2 reife Pfirsiche (geschält, halbiert, entsteint) oder die gleiche Menge an Dosenpfirsichen (im eigenen Saft)
- 1 Flasche gekühlter Prosecco

SO WIRD'S GEMACHT:

- Die Pfirsiche im Mixer fein pürieren. Die Hälfte des Pürees in Gläser füllen und mit Prosecco auffüllen, vorsichtig umrühren.

- Die andere Hälfte des Pürees und den restlichen Prosecco für das zweite Glas aufheben!

HEUTIGE
TAGESVORSCHAU:

99%ige Wahrscheinlichkeit von

PROSECCO-
SCHAUERN

IM WEIN

LIEGT DIE

WAHRHEIT.

ALKAIOS VON LESBOS

DER WEIN IST EINE
DER GRÖSSTEN
ZIVILISATORISCHEN
ERRUNGENSCHAFTEN
DER MENSCHHEIT.

ERNEST HEMINGWAY

PROSECCO ALARM!

Der Verbrauch von Prosecco hat sich
in den letzten Jahren verdoppelt.

Nach den Zahlen der International
Wine and Spirit Research Company
ist der Konsum von Prosecco nur in
Italien höher als in Großbritannien.

CRANBERRY-PROSECCO-FIZZ

FÜR 4 PERSONEN

Genau das Richtige für die Weihnachtsfeiertage oder Winterfeste! Andererseits schmeckt er ja immer und man gönnt sich ja sonst nichts!

ZUTATEN

- 4 EL Orangenlikör (z.B. Grand Marnier)
- 4 EL Cranberry-Saft
- 1 Flasche gekühlter Prosecco
- 12 frische Cranberrys
- 4 Zweige Rosmarin

SO WIRD'S GEMACHT:

- Je einen Esslöffel Orangenlikör, einen Esslöffel Cranberry-Saft und 3 frische Cranberrys in Champagnerflöten einfüllen. Mit Prosecco auffüllen, mit einem Rosmarinzweig garnieren und servieren.

Tick, tack,
die Uhr
schlägt

PROSECCO

WEIN

IST LEBEN.

PETRONIUS

BLACK VELVET

FÜR 4 PERSONEN

Dieser Drink wurde 1861 von einem Barmann im Brook's Club in London kreiert, um den Tod von Prinz Albert, Queen Victorias verstorbenem Ehemann, zu betrauern. Er soll an die schwarze oder purpurne Armbinde, die Trauernde tragen, erinnern.

ZUTATEN

- 2 Dosen Guinness
- 1 Flasche gekühlter Prosecco

SO WIRD'S GEMACHT:

- Die Champagnerflöten zur Hälfte mit Guinness füllen, langsam mit Prosecco auffüllen.

ICH KOCHE MIT WEIN. MANCHMAL KOCHE ICH IHN SOGAR MIT.

W. C. FIELDS

GLAUB MIR,
DU KANNST
TANZEN.

– Prosecco

ALKOHOL IST NICHT DIE

ANTWORT,

ABER ER HILFT, DIE FRAGE ZU

VERGESSEN.

ANONYM

ICH TRINKE NUR BEI ZWEI
GELEGENHEITEN: WENN ICH
DURST HABE ODER WENN
ICH KEINEN DURST HABE.

BRENDAN BEHAN

APEROL SPRITZ

FÜR 1 PERSON

Aperol Spritz wurde in den 1950er Jahren populär und wird heute als der italienische Drink schlechthin gesehen (nach Prosecco natürlich). Dieser leichte Cocktail basiert auf Aperol, einem halbsüßen, leicht bitteren Aperitif aus Norditalien.

ZUTATEN

* 3 Teile Prosecco
* 2 Teile Aperol
* 1 Spritzer Mineralwasser
* Orangenscheibe zum Garnieren

SO WIRD'S GEMACHT:

- Ein Longdrink-Glas mit Eiswürfel füllen, den Prosecco dazugeben.

- Das Glas mit Aperol und Mineralwasser auffüllen.

- Mit der Orangenscheibe garnieren und servieren.

Gluck, Gluck, HURRA!

JEDER MANN WIRD BEREDT, WENN ER GUTEN WEIN TRINKT.

RALPH WALDO EMERSON

KLASSISCHER PROSECCO-COCKTAIL

FÜR 1 PERSON

Ein italienischer Fizz für Festtage,
der den französischen Klassiker
ersetzt.

ZUTATEN

- 1 Stück Würfelzucker
- 2 Spritzer Angostura Bitter
- 20 ml Cognac
- genug gekühlter Prosecco,
  um das Glas aufzufüllen

SO WIRD'S GEMACHT:

- Den Würfelzucker auf einen Löffel legen und den Angostura dazugeben.

- Mit gekühltem Prosecco auffüllen und servieren.

JETZT LASST UNS TRINKEN, JETZT LASST UNS MIT FREIEM FUSS DEN BODEN STAMPFEN.

HORAZ

FERMENTATION BEGRÜNDET ZIVILISATION.

JOHN CIARDI

AUF DEIN ZEICHEN, *fertig, los ...* PROSECCO!

PROSECCO ALARM!

Ein Glas Prosecco hat kaum mehr
Kalorien als ein Schokoladenkeks.

PROSECCO COBBLER

FÜR 1 PERSON

Dieser Cocktail wurde in Amerika in den 30er Jahren mit Sherry gemacht. Heute gibt es zahlreiche Varianten, auch diese mit Prosecco.

ZUTATEN

- ½ TL Zitronensaft
- ½ TL Curaçao
- 1 Orangenscheibe
- genug gekühlter Prosecco, um das Glas zu füllen

SO WIRD'S GEMACHT:

- Ein Longdrink-Glas zur Hälfte mit Crushed Ice füllen.

- Zitronensaft, Curaçao und Orangenscheibe hineingeben.

- Umrühren, mit Prosecco auffüllen, nochmals umrühren und servieren.

WEIN IST POESIE IN FLASCHEN.

ROBERT LOUIS STEVENSON

WEIN IST EIN

PASS

FÜR DIE GANZE

WELT.

THOM ELKJER

D'ARTAGNAN

FÜR 1 PERSON

Benannt nach d'Artagnan, dem vierten Musketier, ist dieser Drink ein Fest der Ritterlichkeit und der Freundschaft.

ZUTATEN

- 1 TL Armagnac
- 1 TL Orangenlikör (z.B. Grand Marnier)
- 3 TL kalter Orangensaft
- ½ TL Zuckersirup
- 1 Orangenscheibe
- genug gekühlter Prosecco, um das Glas zu füllen

SO WIRD'S GEMACHT:

- Alle Zutaten außer dem Prosecco in eine Champagnerflöte füllen.

- Vorsichtig umrühren, mit Prosecco auffüllen und mit der Orangenscheibe garnieren.

ICH SPRECHE VIELLEICHT

NICHT FLIESSEND

ITALIENISCH, ABER ICH

SPRECHE FLIESSEND

Prosecco.

EIN KATER IST DIE RACHE DER TRAUBEN.

DOROTHY PARKER

EINE FLASCHE WEIN
ENTHÄLT MEHR
PHILOSOPHIE ALS ALLE
BÜCHER DIESER WELT.

LOUIS PASTEUR

Für Prosecco
IST IMMER
ZEIT!

PROSECCO-SCHOKOLADEN-TÖPFCHEN

FÜR 4 PERSONEN

Prosecco und Schokolade – Herz,
was willst du mehr?

ZUTATEN

- 135 g Sahne
- 150 g dunkle Schokolade, fein gerieben
- 1 TL Muscovado-Zucker
- 60 ml Prosecco
- 15 g Butter, in kleinen Stücken
- Schlagsahne zum Servieren

SO WIRD'S GEMACHT:

- Die Sahne mit dem Zucker unter ständigem Rühren erhitzen, bis der Zucker sich gelöst ist und die Sahne fast kocht.

- Die Schokolade und die Butter in ein feuerfestes Gefäß geben.

- Mit der heißen Sahne übergießen und rühren, bis die Schokolade geschmolzen und die Masse glatt ist.

- Den Prosecco dazugeben.

- In 4 Espressotassen füllen und im Kühlschrank 4–5 Stunden festwerden lassen.

- Die Tassen 30 Minuten vor dem Servieren aus dem Kühlschrank nehmen, mit einem Klecks Schlagsahne dekorieren und servieren.

OH NEIN,

Ich habe schon wieder

PROSECCO

STATT

Milch

GEKAUFT ...

ALKOHOL

WIRD VIELLEICHT DEINE
PROBLEME NICHT LÖSEN,
ABER DAS SCHAFFEN

WASSER
ODER
MILCH
AUCH
NICHT.

ANONYM

GIN, HOLUNDER UND PROSECCO

FÜR 4 PERSONEN

Dieser Cocktail ist wie Sommer in einem Glas – aber er schmeckt das ganze Jahr!

ZUTATEN

- 80 ml Gin
- 4 Spritzer Holunder-Sirup
- 1 Flasche gekühlter Prosecco
- frische Minzzweige oder Gurkenscheiben
-

SO WIRD'S GEMACHT:

- Einen Spritzer Holunder-Sirup und 20 ml Gin in ein Weinglas geben und einfach mit Prosecco auffüllen. Entweder mit Minze oder mit Gurkenscheiben dekorieren.

WEIN UND FREUNDE SIND EINE GROSSARTIGE KOMBINATION.

ERNEST HEMINGWAY

EIN PROSECCO, ZWEI PROSECCHI, DREI PROSECCHI,

auf dem Boden!

BUCK'S FIZZ ODER PROSECCO ORANGE

FÜR 4 PERSONEN

Wird traditionell am 25. Dezember oder beim Frühstück vor der Hochzeit getrunken.

ZUTATEN

- 1 Flasche gekühlter Prosecco
- 1 Flasche gekühlter Orangensaft

SO WIRD'S GEMACHT:

- In jedes Champagnerglas 2 Teile Prosecco und 1 Teil Orangensaft einfüllen.

EINE FLASCHE WEIN LÄDT
ZUM TEILEN EIN. ICH HABE
NOCH NIE EINEN GEIZIGEN
WEINLIEBHABER GETROFFEN.

CLIFTON FADIMAN

GUTER WEIN IST EIN
GUTES, GESELLIGES
DING, WENN MAN MIT
IHM UMZUGEHEN WEISS.

WILLIAM SHAKESPEARE

GUTE DINGE PASSIEREN JENEN, DIE

Sprudelndes trinken!

FRENCH 75

FÜR 4 PERSONEN

Der alkoholische Kick in diesem Drink
wird mit den 75-mm-Geschoßen
der Franzosen im Ersten Weltkrieg
verglichen. (Traditionell mit
Champagner zubereitet – hier die
großartige italienische Alternative.)

ZUTATEN

- 120 ml Gin
- 1 Flasche gekühlter Prosecco
- 60 ml frischer Zitronensaft
- Puderzucker
- Crushed Ice
- Zitronenscheibe zum Garnieren

SO WIRD'S GEMACHT:

- Gin, Zitronensaft und Puderzucker vermischen.

- 4 Champagnerflöten mit Crushed Ice füllen
  und die Gin-Mischung auf 4 Gläser verteilen.
  Mit Prosecco auffüllen und mit der Zitronenscheibe garnieren.

WAS FÜR

FREUNDSCHAFTEN

DURCH DEN

WEIN

ENSTEHEN!

JOHN GAY

WEIN TRÖSTET DIE TRAURIGEN, BELEBT DIE ALTEN, INSPIRIERT DIE JUNGEN UND LÄSST DEN WELTSCHMERZ SEINE MÜHEN VERGESSEN.

LORD BYRON

MELONEN-PROSECCO-COCKTAIL

FÜR 6–8 PERSONEN

In Konfitüre-Gläsern servieren –
der perfekte Drink für heiße
Sommertage.

ZUTATEN

- 1 Wassermelone
- 200 ml Wodka
- 1 Flasche gekühlter Prosecco
- frische Minze

SO WIRD'S GEMACHT:

- Das Innere der Wassermelone in Würfel schneiden und die Kerne entfernen. Die Würfel im Eisfach einfrieren, gemeinsam mit einer Flasche Wodka.

- Vor dem Servieren ungefähr ein Viertel der gefrorenen Melonenwürfel mit dem Wodka im Mixer fein pürieren. Mit Prosecco auffüllen und mit der kleinsten Geschwindigkeit nochmals mixen.

- In einen großen Krug mit Eis einfüllen, den rosa Cocktail darübergießen und mit viel frischer Minze garnieren

PLOPP

Sprudel

KLIRR

MAN LIEST IMMER, DASS

TRINKEN

SCHÄDLICH IST – ICH HABE DAS

LESEN

AUFGEGEBEN.

HENNY YOUNGMAN

MEINE FREUNDE TRINKEN
IMMER AUF DIE GESUNDHEIT,
BEVOR SIE UMFALLEN.

PHYLLIS DILLER

WEIN BRINGT DIE
FREUNDSCHAFT
ZUM LÄCHELN UND
VERLEIHT DER
LIEBE
GLANZ.

EDMONDO DE AMICIS

HIMBEER-PROSECCO-COCKTAIL

FÜR 1 PERSON

Die köstliche Alternative zu Kir Royal.

ZUTATEN

* 2-4 Himbeeren
* 1 TL Himbeerlikör
* genug gekühlter Prosecco,
  um das Glas zu füllen

SO WIRD'S GEMACHT:

* Die Himbeeren und den Himbeerlikör in eine Champagnerflöte geben.
* Mit Prosecco auffüllen und servieren.

ICH BIN IN EINEM

Prosecco

DA!

PROSECCO-ALARM!

Die Winzer von Carpene Malvolti
produzierten im 19. Jahrhundert
den ersten sprudelnden Prosecco.
Bis dahin hatte er keine Bläschen.

SCHON DER ERSTE SCHLUCK EINES GLASES WEIN IST EIN KOSTBARER MOMENT.

DAVID HYDE PIERCE

SLOE GIN UND BROMBEER-SPRUDEL

FÜR 1 PERSON

Gin und Prosecco sind die besten Freunde.

ZUTATEN

- 30 ml Sloe Gin
- Brombeeren
- genug gekühlter Prosecco, um das Glas zu füllen

SO WIRD'S GEMACHT:

- Sloe Gin und die Brombeeren in ein Longdrink-Glas geben und mit Prosecco auffüllen.

ALKOHOL, IN AUSREICHENDER MENGE GENOSSEN, BEWIRKT ALLE SYMPTOME VON TRUNKENHEIT.

OSCAR WILDE

WEIN IST FÜR MICH
LEIDENSCHAFT ...
WEIN IST KUNST. IST
KULTUR. ER IST DIE
ESSENZ DER ZIVILISATION
UND DER
LEBENSKULTUR.

ROBERT MONDAVI

TRINK MEHR ~~Wasser~~ PROSECCO

KIRSCH-AMARETTO-IZZ

FÜR 1 PERSON

Beschwipste Dekadenz!

ZUTATEN

- 1 Kirsche
- 1 TL Kirschwasser
- 1 Teil Amaretto
- 3 Teile gekühlter Prosecco

SO WIRD'S GEMACHT:

- Die Kirsche in eine Champagnerflöte geben.
- Mit Amaretto und Prosecco auffüllen.

ALL YOU NEED

is love and

PROSECCO

WENN'S IM REZEPT HEISST:
‚WEIN DAZUGEBEN',
FRAG NIE ‚WOZU?'

ANONYM

NÜCHTERN ODER
STERNHAGELVOLL, DAS SEI
DEIN MOTTO:

EINFACH
WEITER-
MACHEN.

P. G. WODEHOUSE

ZITRONEN-SORBET-FIZZ

FÜR 1 PERSON

Eine süße Qual für unsere Zunge!

ZUTATEN

* 1 TL Zitronensorbet
* einige Tropfen Zitronenlikör
* genug gekühlter Prosecco,
  um das Glas zu füllen
* 1 Zitronenscheibe

SO WIRD'S GEMACHT:

* Das Zitronensorbet in eine Champagnerflöte geben.

* Den Zitronenlikör dazugeben, mit Prosecco auffüllen.

* Umrühren und mit der Zitronenscheibe garnieren.

ALLE WEINE SOLLTEN PROBIERT
WERDEN. MANCHE SIND FÜR
DEN KLEINEN SCHLUCK, ABER
BEI ANDEREN MUSS DIE GANZE
FLASCHE GETRUNKEN WERDEN.

PAULO COELHO

MANCHMAL IST ZU VIEL TRINKEN GERADE GENUG.

MARK TWAIN

LACHEN IST DIE BESTE MEDIZIN ...

wenn du keinen Prosecco findest!

SOMMER-COCKTAIL

FÜR 1 PERSON

Setze dich mit dem Glas in der Hand entspannt hin und blicke in den Sonnenuntergang.

ZUTATEN

- 15 ml Wodka
- 15 ml Himbeerlikör
- 30 ml Ananassaft
- genug gekühlter Prosecco, um das Glas zu füllen
- 1 Himbeere

SO WIRD'S GEMACHT:

- Alles in ein Glas füllen und vorsichtig umrühren.

- Die Himbeere hineingeben.

ICH TRINKE
BEI JEDER
GELEGENHEIT;
MANCHMAL AUCH
OHNE GELEGENHEIT.

MIGUEL DE CERVANTES

DER SAFT

DER TRAUBEN

IST DIE FLÜSSIGE

QUINTESSENZ DER

SONNENSTRAHLEN.

THOMAS LOVE PEACOCK

PROSECCO
ist die
ANTWORT..
Was war
DIE FRAGE?

PFIRSICH-PROSECCO-COCKTAIL

FÜR 1 PERSON

Das feine Aroma der Pfirsiche betont die härteren Noten des Prosecco.

ZUTATEN

- 15 ml Wodka
- 15 ml Pfirsichlikör
- 15 ml Amaretto
- 30 ml Orangensaft
- Saft einer Zitrone
- genug gekühlter Prosecco, um das Glas zu füllen

- 1 Blatt Basilikum
- 1 Scheibe Pfirsich

SO WIRD'S GEMACHT:

- Alle Zutaten außer dem Prosecco und der Pfirsichspalte in einen Shaker geben und Eiswürfel dazugeben.

- Gut durchschütteln und in ein Longdrink-Glas gießen.

- Mit Prosecco auffüllen und mit der Pfirsich-scheibe garnieren.

NAHRUNG IST DER KÖRPER
DES GUTEN LEBENS, DER
WEIN IST SEINE SEELE.

CLIFTON FADIMAN

DIE REALITÄT IST EINE ILLUSION, DIE DURCH DAS FEHLEN VON ALKOHOL ENTSTEHT.

N. F. SIMPSON

LIMONCELLO-PROSECCO-GÖTTERSPEISE

FÜR 4 PERSONEN

Die beiden italienischen Getränke Limoncello und Prosecco harmonieren perfekt.

ZUTATEN

- 5 Blätter Gelatine
- 350 ml Prosecco
- 1 TL Kristallzucker
- 6 TL Limoncello
- essbare Goldflocken

SO WIRD'S GEMACHT:

- Die Gelatine in kaltem Wasser 5 Minuten einweichen. Dann ausdrücken und gut abtropfen.

- In einem Wasserbad den Limoncello erhitzen und die Gelatine darin gemeinsam mit dem Zucker auflösen.

- Abkühlen lassen und in einen Krug füllen. Mit dem Prosecco aufgießen und vorsichtig umrühren.

- Die Mischung in Martinigläser füllen, die Gläser fast bis zum Rand anfüllen. Abdecken und einige Stunden kaltstellen, bis die Götterspeise fest ist.

- Vor dem Servieren mit den Goldflocken bestreuen.

Bleib ruhig
UND TRINKE
PROSECCO!

WEIN IST EIN

LEBENDIGER STOFF

OHNE KONSERVIERUNGS-

MITTEL.

JULIA CHILD

WEIN MACHT DEN ALLTAG
LEICHTER, ENTSCHLEUNIGT,
ENTSPANNT UND MACHT
TOLERANTER.

BENJAMIN FRANKLIN

WEIN BRINGT

LICHT

IN DIE VERBORGENEN

GEHEIMNISSE DER

DER SEELE.

HORAZ

RHABARBER-BELLINI

FÜR 6 PERSONEN

Es muss nicht immer Pfirsich sein,
hier eine perfekte Alternative.

ZUTATEN

* 300 g Rhabarber, geschält
  und klein geschnitten
* 75 g Zucker
* 1 Flasche gekühlter Prosecco

SO WIRD'S GEMACHT:

* Den Rhabarber mit Zucker und 2 EL
  Wasser in einen Kochtopf geben.

* Zum Kochen bringen und mit geschlos-
  senem Deckel 2 Minuten köcheln.

- Den Deckel abnehmen und weiter köcheln, dabei immer wieder umrühren.

- Wenn die Mischung eingedickt ist, vom Herd nehmen und mit einem Zauberstab oder im Mixer pürieren.

- Abkühlen lassen.

- In gekühlte Sektgläser füllen, mit Prosecco aufgießen und servieren.

ICH TRINKE PROSECCO NUR BEI ZWEI GELEGENHEITEN:

Wenn ich Geburtstag habe und wenn ich nicht Geburtstag habe.

PROSECCO-ALARM!

Der Korken kann mit einem Druck
von 25 m pro Stunde aus der
Falsche fliegen – also aufgepasst!

ERDBEER-PROSECCO-WELLE

FÜR 4 PERSONEN

Süß, sprudelnd und geht ins Blut!

ZUTATEN

- 340 g Erdbeeren, geviertelt
- 1 TL Zucker
- 600 ml Vanilleeis
- 1 Flasche gekühlter Prosecco

SO WIRD'S GEMACHT:

- Die Erdbeeren mit dem Zucker mischen und 30 Minuten ziehen lassen.

- Je eine Kugel Vanilleeis in je ein Weinglas füllen.

- Die Erdbeeren in die 4 Gläser verteilen.

- Mit Prosecco auffüllen und mit einem Löffel und einem Strohhalm servieren.

ABER ICH BIN NICHT
SO GLAUBST WIE
DU BETRUNKEN.

J. C. SQUIRE

DIE BESTEN WEINE SIND DIE, DIE WIR MIT FREUNDEN TRINKEN.

ANONYM

MIMOSA

FÜR 8 PERSONEN

Perfekt für einen Brunch, schnell und einfach zu machen!

ZUTATEN

- 750 ml Orangensaft, am besten frisch gepresst
- 120 ml Orangenlikör
- 1 Flasche gekühlter Prosecco

SO WIRD'S GEMACHT:

- Je einen Teil Orangensaft, einen Teil Orangenlikör und einen Teil Prosecco in Champagnerflöten füllen.
- Kein Umrühren nötig, der Cocktail entsteht von selbst.

ICH TRINKE PROSECCO AN TAGEN, DIE MIT

G

enden!

TRINKEN IST EIN FEST FÜR DIE VERNUNFT UND BALSAM FÜR DIE SEELE.

ALEXANDER POPE

GIB MIR ENTWEDER MEHR WEIN ODER LASS MICH ALLEINE.

RUMI

GEWÜRZ-BIRNEN-PROSECCO

FÜR 1 PERSON

Dieser Drink wärmt an einem kalten Wintertag und macht dich glücklich.

ZUTATEN

- 1 TL Puderzucker
- ½ TL gemahlener Zimt
- 1TL Ingwer-Sirup
- genug gekühlter Prosecco und Birnensaft, um das Glas zu füllen
- 1 Scheibe Ingwer zum Garnieren

SO WIRD'S GEMACHT:

- Den Puderzucker und den Zimt vermischen. Den Rand einer Champagnerflöte in Wasser und dann in die Zuckermischung tauchen.

- Den Ingwer-Sirup in das Glas geben und mit Prosecco und Birnensaft auffüllen.

- Mit einer Scheibe Ingwer garnieren.

ZUERST

Espresso

DANN

PROSECCO

WEIN IST
MEHR ALS EIN
GETRÄNK –
ES IST EIN
LIFESTYLE.

ANONYM

INGWER-ZITRONEN-
STERNSPRITZER

FÜR 1 PERSON

Eine Mischung aus Gesundheit und
Hedonismus .

ZUTATEN

- 25 ml Ingwer-Sirup
- Saft von 1 Limette
- genug gekühlter Prosecco,
  um das Glas zu füllen
- 1 Scheibe Limette zum Garnieren

SO WIRD'S GEMACHT:

- Den Ingwer-Sirup mit dem Saft der Limette
  in eine Champagnerflöte geben.
- Mit Prosecco auffüllen und garnieren.

DAS PROBLEM MIT
DIESER WELT IST, DASS
IMMER JEMAND EINIGE
DRINKS ZU WENIG HAT.

HUMPHREY BOGART

FREUNDE
LASSEN
FREUNDE

nicht allein
Prosecco
trinken.

ICH WUSSTE, DASS ICH BETRUNKEN BIN. ICH FÜHLTE MICH SO KULTIVIERT, KONNTE ES ABER NICHT AUSSPRECHEN.

ANONYM

AHORN-FIZZ

FÜR 1 PERSON

Die Süße des Ahorn-Sirups harmoniert
mit dem Geschmack der Cranberrys.

ZUTATEN

- 2 TL Ahorn-Sirup
- 50 ml gekühlter Cranberry-Saft
- 100 ml gekühlter Prosecco

SO WIRD'S GEMACHT:

- In einem Cocktailshaker den Ahorn-Sirup und
  den Cranberry-Saft auf Eis gut durchschütteln.
- In ein Longdrink-Glas einfüllen und mit
  Prosecco auffüllen.
- Vor dem Servieren vorsichtig umrühren.

WEIN ERFÜLLT DAS HERZ MIT MUT.

PLATO

DAS HAUS
LEBT VON
Liebe, Lachen
UND
PROSECCO.

DER PERFEKTE BEWEIS,

DASS GOTT

UNS LIEBT

UND UNS GERNE

GLÜCKLICH

SIEHT.

BENJAMIN FRANKLIN ÜBER WEIN

WEIHNACHTSCOCKTAIL

FÜR 1 PERSON

Ein erfrischender Genuss nach der
Weihnachtschlemmerei!

ZUTATEN

- 15 ml Campari
- 30 ml frischer Grapefruitsaft
- genug gekühlter Prosecco,
  um das Glas zu füllen
- 1 Stück Grapefruitschale

SO WIRD'S GEMACHT:

- Campari, Grapefruitsaft und Prosecco in einem Shaker mit Eiswürfeln gut durchschütteln.

- In ein Martini-Glas geben.

- Den Glasrand mit der Grapefruitschale einreiben und die Schale ins Glas geben.

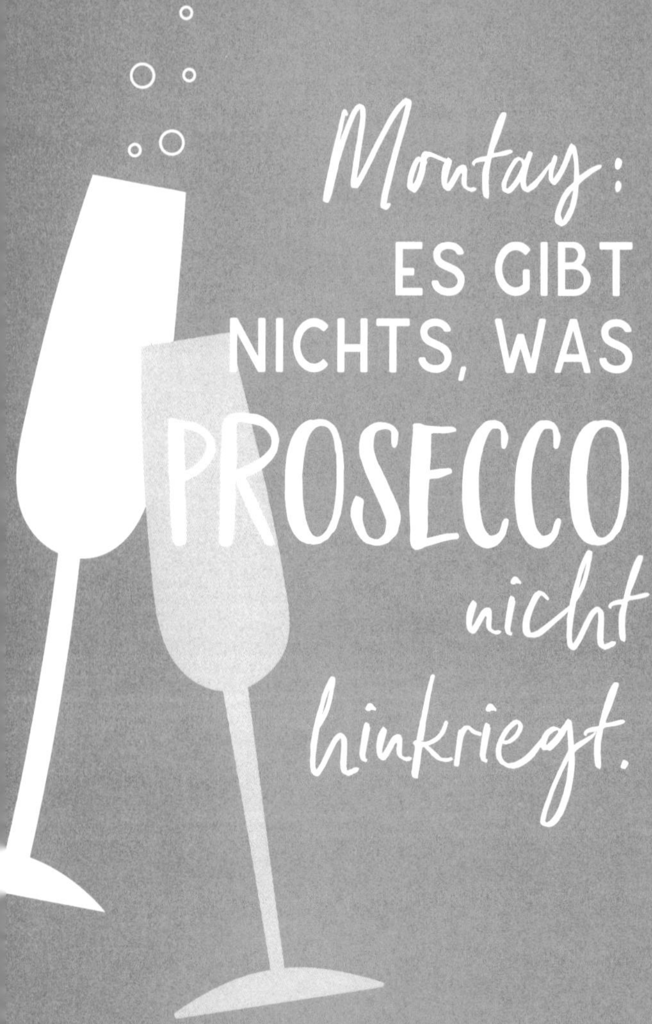
Montag:
ES GIBT
NICHTS, WAS
PROSECCO
nicht
hinkriegt.

PROSECCO-ALARM!

Aufgrund der immer weiter
steigenden Nachfrage werden
bereits über 60 Prozent des Prosecco
nicht mehr im ursprünglichen
Gebiet in Norditalien hergestellt.
Und dieser Trend geht weiter.

SCHOKOLADE-PROSECCO-TRÜFFELN

ERGIBT 20–22 STÜCK

Sie schmecken nach mehr – bis sie
alle aufgegessen sind.

ZUTATEN

- 200 g gehackte dunkle Schokolade
- 75 ml Schlagsahne
- 3 TL Prosecco
- 1 TL abgeriebene Schale von einer Orange
- Kakao-Pulver

SO WIRD'S GEMACHT:

- Die Schokolade mit der Schlagsahne in einem Wasserbad schmelzen, gelegentlich umrühren.

- Prosecco und Orangenschale dazugeben.

- Auf Raumtemperatur abkühlen, eventuell über Nacht im Kühlschrank kühlen.

- Mit einem Melonenausstecher kleine Kugeln aus der Masse ausstechen und im Kakao-Pulver rollen.

- Die Trüffeln in einem luftdichten Behälter im Kühlschrank aufbewahren. Sie können eine Woche aufbewahrt werden.

WENN WIR AM WEIN NIPPEN, KOMMEN DIE TRÄUME AUS DER KOMMENDEN NACHT ZU UNS.

D. H. LAWRENCE

PROSECCO HAT MIR GEHOLFEN,

es zu tun.

PROSECCO ROYAL

FÜR 1 PERSON

Ein Cocktail für Königinnen und
Könige - genau richtig für dich!

ZUTATEN

* 1 Teil Crème de Cassis
* 3 Teile Prosecco
* 1 TL Zitronensaft
* 2 Heidelbeeren
* 1 Zweig Thymian

SO WIRD'S GEMACHT:

* Crème de Cassis, Prosecco und Zitronensaft
  in eine Champagnerflöte geben und
  vorsichtig umrühren.

* Die Heidelbeeren auf einen Thymianzweig
  auffädeln und vor dem Servieren in Glas
  geben.

EIN SCHWÄCHLING, DER DER
VERSUCHUNG NACHGIBT,
SICH EIN VERGNÜGEN
ZU VERWEHREN.

AMBROSE BIERCE

PROSECCO BOWLE

FÜR 4 PERSONEN

Ideal für eine Party oder eine
spontane Einladung.

ZUTATEN

- 1 Zitrone in Scheiben geschnitten
- 2 TL Zucker
- 10–15 Erdbeeren, entstielt und
  in Scheiben geschnitten
- 1 Flasche Prosecco

SO WIRD'S GEMACHT:

- Die Zitronenscheiben in eine Bowle-Schüssel geben.

- Mit dem Zucker bedecken und vermengen.

- Die Erdbeeren dazugeben.

- Die Erdbeeren zerdrücken und mit den Zitronen und dem Zucker vermischen.

- Mit dem Prosecco auffüllen.

- Eiswürfel dazugeben und servieren.

DENN WENN DER WEIN DRINNEN IST, IST DER WITZ WEG.

THOMAS BECON

ES IST ZEIT,

PROSECCO

zu trinken

und auf dem

TISCH

ZU TANZEN.

WEIN IST WIE EIN GESPRÄCH, DAS ERST STATTFINDET.

JESSICA ALTIERI

DER GENIESSER TRINKT SEINEN WEIN NICHT, ER ERFORSCHT DIE GEHEIMNISSE DES WEINES.

SALVADOR DALÍ

HERBST-COCKTAIL

FÜR 1 PERSON

Genau das Richtige für's
Heimkommen nach einem
Spaziergang im raschelnden Laub.

ZUTATEN

- 100 ml Prosecco
- 4 Heidelbeeren
- 30 ml Wodka
- 1 Spritzer frischer Orangensaft
- 1 Spritzer Zuckersirup
- 1 Spritzer Orangenlikör

SO WIRD'S GEMACHT:

- Den Prosecco in ein Longdrink-Glas geben.

- In einem Shaker 3 Heidelbeeren zerdrücken und mit den anderen Zutaten und ein wenig Eis gut durchschütteln.

- Zum Prosecco geben.

- Mit der übrigen Heidelbeere garnieren.

ABER
ZUERST
PROSECCO!

WEIN IST DIE

ANTWORT

DER ERDE AUF DIE

SONNE.

MARGARET FULLER

ERDBEER-PFIRSICH-BELLINI

FÜR 1 PERSON

Noch fruchtiger als der klassische Bellini.

ZUTATEN

- 400 g Erdbeeren, entstielt
- 25 ml Pfirsichlikör
- genug gekühlter Prosecco, um das Glas zu füllen

SO WIRD'S GEMACHT:

- Die Erdbeeren in einem Behälter in Eisfach einfrieren.

- Wenn sie gefroren sind, in eine Champagnerflöte geben.

- Mit dem Pfirsichlikör übergießen und mit Prosecco auffüllen.

SPRUDELN VOR ENERGIE -

fantastisch

WEIN KANN EIN BESSERER LEHRER ALS TINTE SEIN.

STEPHEN FRY

KIRSCH-PROSECCO-COCKTAIL

FÜR 4 PERSONEN

Ein Drink, der alles hat – und noch
eine Kirsche obendrauf.

ZUTATEN

- 15 ml Gin
- 15 ml Cherry Brandy
- 10 ml Zitronensaft
- 4 Kirschen
- 1 Flasche Prosecco

SO WIRD'S GEMACHT:

- Gin, Brandy, Zitronensaft und ein wenig Eis in einen Cocktailshaker geben.

- Gut durchschütteln und in Champagnerflöten aufteilen.

- Mit Prosecco auffüllen und mit den Kirschen dekorieren.

Bildnachweis